篆書研究與習作選輯

邢祖援 著

文史哲出版社 印行

題援兒試馬小象

立馬南山第一峯，襟懷磊落氣如虹，揚鞭莫負澄清志，踏破搏桑曉日紅。

側身東望陣雲高，馳騁沙場劍在腰，十萬匈奴齊授首，行人爭看霍嫖姚。

邢祖援將軍二十四歲時騎馬之英姿，附先父耐寒公之題詩。

序

余自幼喜愛篆書，在高中時代即將《金石索》一書所列金、石銘刻遍臨數遍。抗戰軍興，以服務軍旅，馳騁疆場，軍務倥傯，雖於百忙之中，如遇及名勝古蹟，對名人題書石刻必再三欣賞，蒐集拓本收藏。

迨自來臺，以多任軍政主管要職，惟生活較爲安定，得於公餘重習翰墨，常贈友朋或爲友書寫碑銘。然余爲人不好沽名釣譽，從未拜列師門，均個人摸索而滿足嗜好。余對篆書又喜從事考據，曾著有《篆文研究與考據》一書，於民國八十五年九月在新文豐出版公司出版，對於毛公鼎、石鼓文、李陽冰、吳昌碩等均有研究創見發表。頗受讀者之重視。

茲再將先後經約三十年研究考據之結果，著成《篆書研究與習作選輯》出版，以供同好之參考。此書之重點在《古文孝經》與《篆書百字圖十二種》，均具有創意之發展。惟其間研究考據所費之時間與心力，實難以言宣。詳細說明均於各篇前加以解說不贅。至於所選輯之其餘習作不及所存與贈出之十一。

余雖名列《中國名人大字典》及各類書畫家名錄，並獲獎杯十餘座，獎狀四十餘張，惟以淡於名利，較少展出，實未敢以書法家自居。然若以書法研究考據方面而言，或較有成就，肺腑之言，尤待先進及同道指正。

邢祖援於台北市時年九十一歲（二〇〇七年八月八日）

篆書研究與習作選輯

目 次

序 言……一
壹、古文孝經……七
一、古文孝經研究試書經過簡介……七
二、孝經全文……九
三、古文孝經試書……一七
貳、古文老子（道德經）原文殘字節錄……九一
一、簡 介……九一
二、殘字集錄……九二
參、篆書百字圖……一〇五
一、簡 介……一〇五
二、篆書百字圖……一〇六

（一）百壽圖……一〇六
（二）百福圖……一〇九
（三）百馬圖……一一二
（四）百龍圖……一一五
（五）百鳳圖……一一八
（六）百虎圖……一二一
（七）百善圖……一二四
（八）百魚圖……一二七
（九）百子圖……一三〇
（十）百孫圖……一三三
（十一）百鼎圖……一三六
（十二）百寶圖……一三九
肆、古詩文書篆……一四三
一、諸葛武侯前出師表……一四四
二、諸葛武侯後出師表……一七〇
三、前赤壁賦之一……一九六
四、前赤壁賦之二……二一四

五、後赤壁賦……二四八
六、歸去來詞……二七一
七、陋室銘……二八一
八、月下獨酌……二八五
九、禮運大同篇……二八八
伍、題署及作品選輯……二九三

壹、古文孝經

一、古文孝經研究試書經過簡介

余研究古文孝經，已有多年之久，曾撰有《孝經原文殘字初探》乙文，後納入拙著《篆文研究與考據》乙書，新文豐出版公司出版發行。

我國古代若干珍貴典籍，受歷代天災、人禍，損毀殆盡，尤以暴君秦始皇之焚書坑儒，毛澤東之文化大革命爲禍最烈。以至若干典籍古代之原始文字，常無法加以考據，乃我國文化之重大損失。

篆書原爲古代最早之文字形態，經過千餘年之複雜演變過程，至秦代怡成爲較有規律之小篆。大體言之，係由殷商之甲骨文字，商周之金文，周秦間東土之孔壁古文，以及西土之籀文，其間經歷代又各有其演變，繁複龐雜，難以罄書，直至秦李斯始統一爲小篆。

《孝經》原文自屬古文範圍，余於研究過程之中，遍查有關典籍，其中註明原文出於《孝經》

者，當以《六書通》一書列舉爲較多。經初步統計《孝經》全文共有一、五六八個字，但古書中雷同重複之字不少，經統計分析，實際僅由三八三個不同的字組成。再查《六書通》及有關典籍中，註明係引自《孝經》原文者，有二四一個字，約佔全部字數百分之六十三，已屬難能可貴。至於其他四書五經之古文原字，在各種典籍中則少之又少。

至此，乃發願努力研究《孝經》復古之工作。除運用已查出之二四一字外，其餘百分之三十七，則儘量運用時代相近之古文補充之。此一工作頗爲艱辛，每爲一字而費時數日，待篆書成冊，難免仍有舛誤發生，幾經校正，反覆書寫，費時年餘，始行完成初稿。

參閱典籍記載，前賢篆書名家李陽冰、吳大澂二氏，均曾以篆書寫《孝經》，惟不僅手頭無存，書局亦未購到，原擬俟蒐集到後，再行參照研究。幾經思索，深感如持有上書，照本臨池，已無創意。不如由個人參照典籍，重新研究編篡，或能一新耳目，有更進一步發現。

尤其參閱李陽冰所書《易經》《謙卦刻石》，固均以古文字體書寫，而吳大澂所書《篆文論語》，據其本人敘述：「大小兩篆，同條共貫，上窺壁經，略有依據，抱殘守闕，斯文在茲，行有正之，以俟君子」。又謂：「余集彝器中古籀文三千五百餘字，補許書《說文解字》所未及，今《論語》三十篇，又以許書正文補彝器中未及之字」。由上觀之，吳氏所書《篆文》並非全以古文書寫，與原文出入頗大。今余所書《孝經》，不僅已有百分之六十三係完全比照古文原字，即其餘百分之三十七，亦係參考同時代或接近年代之古文，且未採取籀文或小篆，間或其中有與小篆或籀文接近者，乃由於古文原即如此。綜上說明，是否余所著《古文孝經》較之吳著《篆文論語》，能更接近古文原意否？

至於吳大澂氏為清代篆書名家，其考據之精深，知識之廣博，著述之豐碩，留於後世可供研習者，至為廣博，令人敬仰，其以大小篆併用書寫《論語》，亦或可顯示其對篆文知識之廣博另一種表現之方式乎。

爰將拙書《古文孝經》全書縮小付印，尚請方家指正。

二、孝經全文

開宗明義章第一

仲尼居，曾子侍。子曰：「先王有至德要道，以順天下，民用和睦，上下無怨。汝知之乎？」曾子避席曰：「參不敏，何足以知之？」子曰：「夫孝，德之本也，教之所由生也。復坐，吾語汝。身體發膚，受之父母，不敢毀傷，孝之始也。立身行道，揚名于後世，以顯父母，孝之終也。夫孝，始于事親，中于事君，終于立身。《大雅》云：『無念爾祖，聿修厥德。』」

天子章第二

子曰：「愛親者，不敢惡于人；敬親者，不敢慢于人。愛敬盡于事親，而德教加于百姓，刑于四海。蓋天子之孝也。《甫刑》云：『一人有慶，兆民賴之。』」

諸侯章第三

在上不驕，高而不危；制節謹度，滿而不溢。高而不危，所以長守貴也。滿而不溢，所以長守富也。富貴不離其身，然後能保其社稷，而和其人民。蓋諸侯之孝也。《詩》云：「戰戰兢兢，如臨深淵，如履薄冰。」

卿大夫章第四

非先王之法服不敢服，非先王之法言不敢道，非先王之德行不敢行。是故非法不言，非道不行；口無擇言，身無擇行。言滿天下無口過，行滿天下無怨惡。三者備矣，然後能守其宗廟。蓋卿、大夫之孝也。《詩》云：「夙夜匪懈，以事一人。」

士章第五

資于事父以事母，而愛同；資于事父以事君，而敬同。故母取其愛，而君取其敬，兼之者父也。故以孝事君則忠，以敬事長則順。忠順不失，以事其上，然後能保其祿位，而守其祭祀。蓋士之孝也。《詩》云：「夙興夜寐，無忝爾所生。」

庶人章第六

用天之道，分地之利，謹身節用，以養父母，此庶人之孝也。故自天子至于 庶人，孝無終始，而患不及者，未之有也。

三才章第七

曾子曰：「甚哉，孝之大也！」。則天之明，因地之利，以順天下。是以其教不肅 而成，其政不嚴而治。先王見教之可以化民也，是故先之以博愛，而民莫遺其親，陳之於德義，而民興行。先之以敬讓，而民不爭；導之以禮樂，而民和睦；示之以好惡，而民知禁。《詩》云：『赫赫師尹，民具爾瞻。』」

孝治章第八

子曰：「昔者明王之以孝治天下也，不敢遺小國之臣，而況于公、侯、伯、子、男乎？故得萬國之歡心，以事其先王。治國者，不敢侮于鰥寡，而況于士民乎？故得百姓之歡心，以事其先君。治家者，不敢失其臣妾，而況于妻子乎？故得人之歡心，以事其親。夫然，故生則親安之，祭則鬼享之。是以天下和平，災害不 生，禍亂不作。故明王之以孝治天下也如此。《詩》云：『有覺德行，四國順 之。』」

聖治章第九

曾子曰：「敢問聖人之德，無以加於孝乎？」子曰：「天地之性，人爲貴。人之行，莫大于孝。孝莫大于嚴父。嚴父莫大于配天，則周公其人也。昔者，周公郊祀後稷以配天，宗祀文王于明堂，以配上帝。是以四海之內，各以其職來祭。夫聖人之德，又何以加于孝乎？故親生之膝下，以養父母日嚴。聖人因嚴以教敬，因親以教愛。聖人之教，不肅而成，其政不嚴而治，其所因者本也。父子之道，天性也，君臣之義也。父母生之，續莫大焉。君親臨之，厚莫重焉。故不愛其親而愛他人者，謂之悖德；不敬其親而敬他人之親者，謂之悖禮。以順則逆，民無則焉。不在于善，而皆在于凶德，雖得之，君子不貴也。君子則不然，言思可道，行思可樂，德義可尊，作事可法，容止可觀，進退可度，以臨其民。是以其民畏而愛 之，則而象之。故能成其德教，而行其政令。

紀孝行章第十

子曰：「孝子之事親也，居則致其敬，養則致其樂，病則致其憂，喪則致其哀，祭則致其嚴。五者備矣，然後能事親。事親者，居上不驕，爲下不亂，在醜不爭。居上而驕則亡，爲下而亂則刑，在醜而爭則兵。三者不除，雖日用三牲之養，猶爲不孝也。」

五刑篇第十一

子曰：「五刑之屬三千，而罪莫大於不孝。要君者無上，非聖人者無法，非孝者無親。此大亂之道。」

廣要道章第十二

子曰：「教民親愛，莫善于孝。教民禮順，莫善于悌。移風易俗，莫善于樂。安上治民，莫善於禮。禮者，敬而已矣。故敬其父，則子悅；敬其兄，則弟悅；敬其君，則臣悅；敬一人，而千萬人悅。所敬者寡，而所悅者眾，此之謂要道也。」

廣至德章第十三

子曰：「君子之教以孝也，非家至而日見之也。教以孝，所以敬天下之爲人父者也。教以悌，所以敬天下之爲人兄者也。教以臣，所以敬天下之爲人君者也。《詩》云：『愷悌君子，民之父母。』非至德，其孰能順民如此其大者乎！」

廣揚名章第十四

子曰：「君子之事親孝，故忠可移於君。事兄悌，故順可移於長。居家理，故治可移於官。

是以行成于內，而名立于後世矣。」

諫諍章第十五

曾子曰：「若夫慈、愛、恭、敬、安親、揚名，則聞命矣。敢問子從父之令，可 謂孝乎？」子曰：「是何言與，是何言與！昔者天子有爭臣七人，雖無道，不失其天下；諸侯有爭臣五人，雖無道，不失其國；大夫有爭臣三人，雖無道，不失其家；士有爭友，則身不離于令名；父有爭子，則身不陷于不義。則子不可以不 爭于父，臣不可以不爭于君；故當不義，則爭之。從父之令，又焉得爲孝乎！」

感應章第十六

子曰：「昔者明王事父孝，故事天順；事母孝，故事地察；長幼順，故上下 治。天地明察，神明彰矣。故雖天子，必有尊也，言有父也；必有先也，言有兄 也。宗廟致敬，不忘親也；修身慎行，恐辱先也。宗廟致敬，鬼神著矣。孝悌之至，通于神明，光于四海，無所不通。《詩》云：『自西自東，自南自北，無思 不服。』」

事君章第十七

子曰：「君子之事上也，進思盡忠，艮思補過，將順其美，匡救其惡，故上 下能相親也。《詩》

云：『心乎愛矣，遐不謂矣，中心藏之，何日忘之。』」

喪親章第十八

子曰：「孝子之喪親也，哭不偯、禮無容，言不文，服美不安，聞樂不樂，食旨不甘，此哀戚之情也。三日而食，教民無以死傷生。毀不滅性，此聖人之政也。喪不過三年，示民有終也。爲之棺槨衣衾而舉之，陳其簠簋而哀戚之；擗踊哭泣，哀以送之；卜其宅兆，而安措之；爲之宗廟，以鬼享之；春秋祭祀，以時思之。生事愛敬，死事哀戚，生民之本盡矣，死生之義備矣，孝子之事親終矣。」

註記：按《孝經》不同之版本頗多，其篇章之區分亦有不同。本文係參照喬一凡先生在國防大學聯合作戰系第五期之授課原本。本書重點在於研究書法，故雖與他本內容或略有參差，似亦無傷大雅。

淮陰邢祖援集書

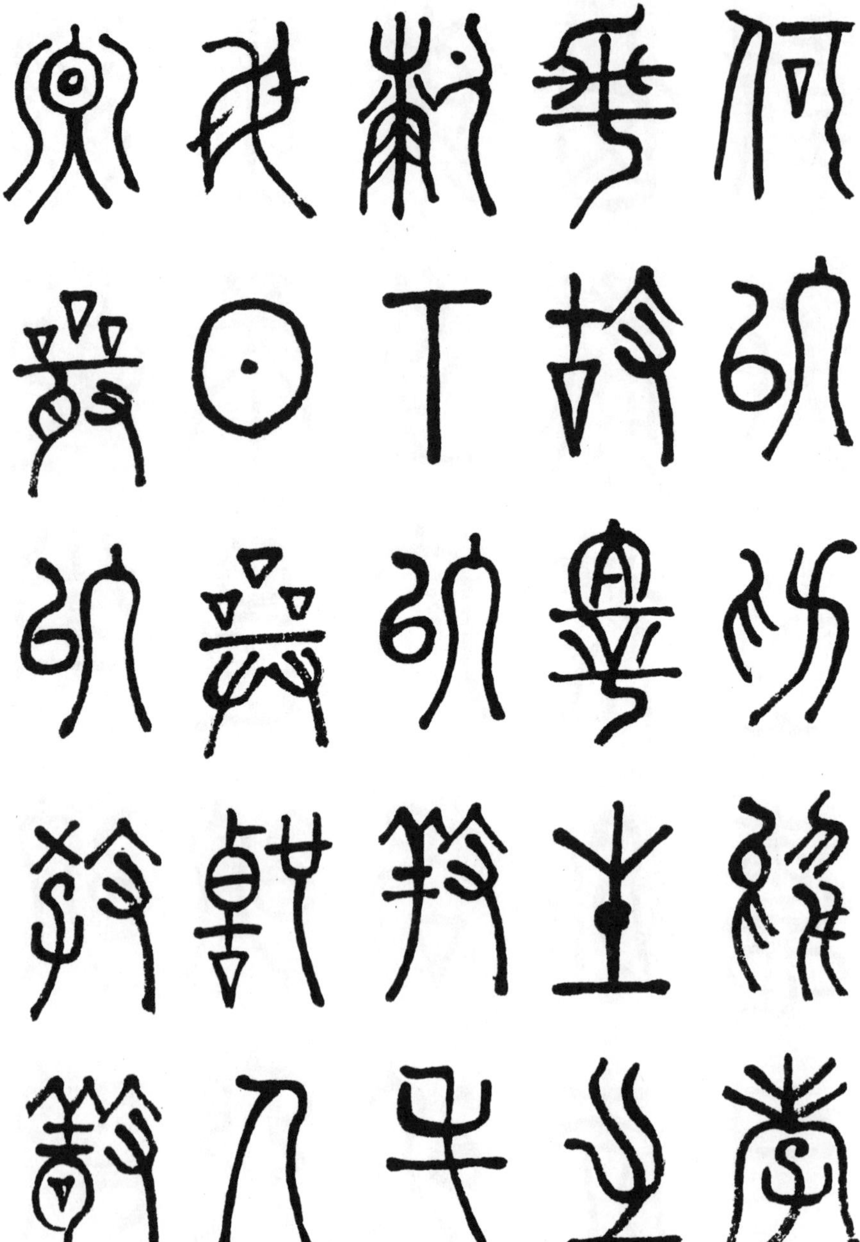

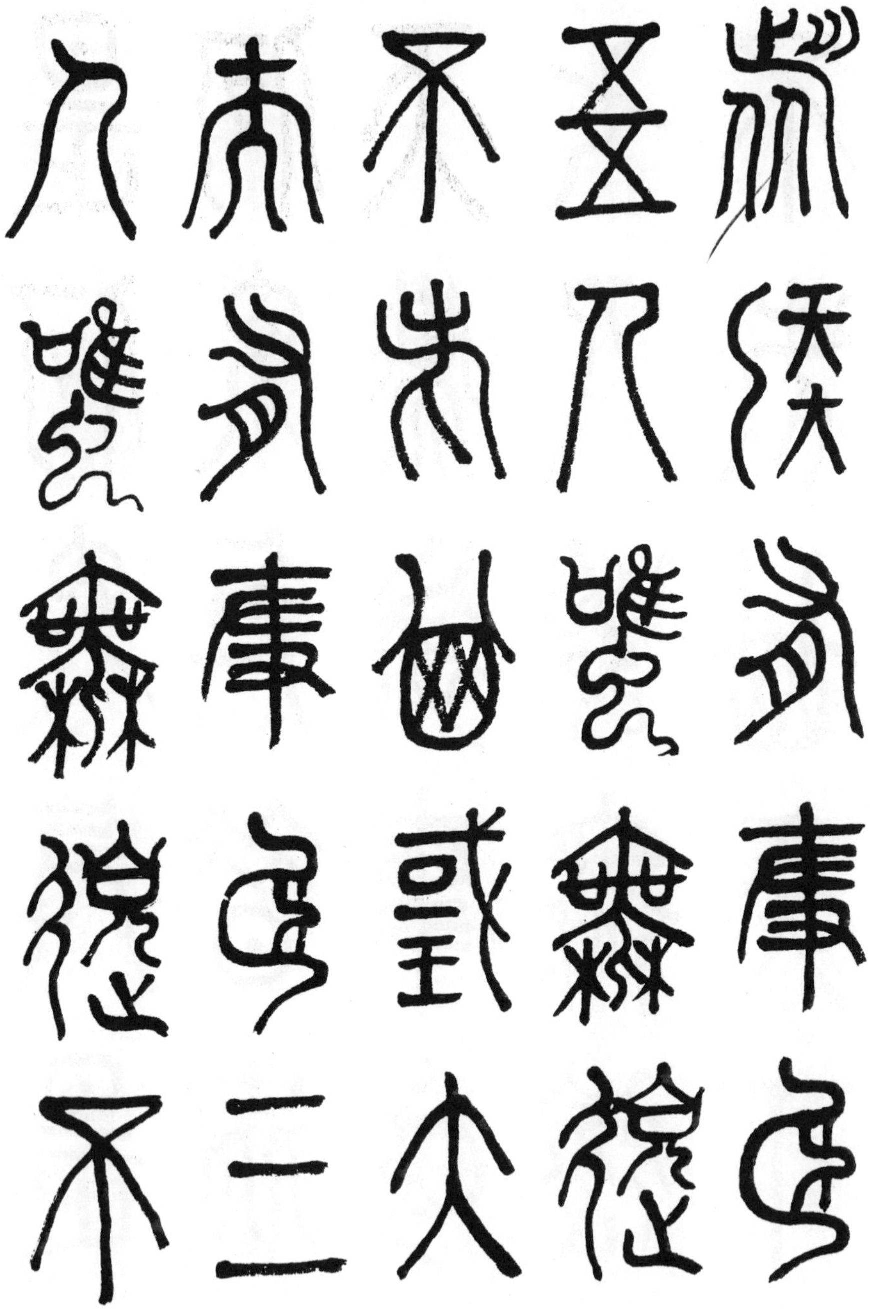

淮陰邢祖援書

貳、古文老子（道德經）原文殘字節錄

一、簡　介

按老子姓李名耳，字伯陽，謚曰聃，故亦稱老聃，周時任守藏室史。孔子適周，曾問道於老子，可見其年齡當較孔子爲長。所著《道德經》，亦稱《老子》，分爲上下兩篇，言道德之意，約五千餘字，道教奉爲始祖。本書集錄殘字，係摘自《六書通》，應屬篆書中之古文。與筆者前編《古文孝經殘字彙編》雖有異曲同工之妙，然又不盡相同。因僅有四百餘字，難以重復原文五千餘字之舊觀。不如《孝經》殘字，筆者已試書集成全篇，如前章。

古文老子原文殘字依筆劃彙編第二次稿

桂陰邢祖援書

八十六年十二月六日

一劃

一

二劃

厶

入

九

七

力

三劃

巾

子

士

已

乃

上

下

久

刃

四劃

公
夫
孔
矣
五劃
兮
至
旬
中
以
比
乎
且
外
目
無无
五
介
民
用
化
加
未
玉
文
仍
又
六
平
末
失
天
甘
水
生
去
右
出

白
甲

六劃

多
紅
同
戎
存

年
全
光
成
舟
死

巧
好
早
宇
母

共
地
伐
各
色
式

七劃

夷
吾
身
言
吝
車

妍
狂
兵
里
改
我

走 谷 克 知 阿 金 逸
肖 安 治 和 始 兆
佐 沒 非 門 彼 經
坐 於 明 雨 柱
壯 卻 宮 長 迎 所 哲
匠 角 泣 周 武 後

狗
味
命
秀
服
怵
忽
拙
昔
腾
直
易
或
九劃
風
忠
神
皆
畢
前
郊
易
相
矜
音
勇
是
殆
兕
起
美
保
果
首
負
甚
怒
昧
脆

信 徒 為 候 容 倉 馬 退
建 異 真 耽 剛 閉 徑
政 迷 家 恐 師 蔬 妻 毒
浩 洋祥 侮 弱 能 泰 辱
進 徐 莿 併竝 兼 寂
除 流 缺 根 鬼 帶 配

晷 笑 破 峽

十一劃

通 從 陳 勤 淳

張 常 堂 倫

清 深 理 海 唯

畢 異 乾 爲 爽

細 患 教 敘 訥 國

埴 得 執 紛 專

超 會 欲

十二劃

斮 絺 陽 徳悳

筞 棘 割 結 絕

虛 尊 寒 華

窪 喪 勝 鄙 循 揣

溫 滿 晚 偃

象 欲 晦 惡 閒 漁

敦 報 盜 疏 盜

復 壹

十三劃

滋 慈 馳 熙 種 過

傷 經 寧 誠 愈

解 損 道 禍 貴

幕 載 運 萬 聖

禁 腹 達 搴 發 滅

賊 塞

十四劃

輜 賞 箕 餘 愚

閒 搏 豪 偃 蹺 精

與 輔 寄 廣 壽

發 害 聘 碣 橐 敵

十五劃

圖 陸 賓 鄰 論 諱

稽 數 劍 爐 儉 誠

穀 閱 熱 撤 錯 斷

敵 稷

十六劃

覩 賢 備 據 誰

靜 戰 聘 澹 轂

輹 屬 諾 朴樸

十七劃

谿 還 雖 營榮 隱

禮 皦 皞 譁 贅

龠 簣 學 聲

十八劃

雜 雞 饑 彌 歸 歲

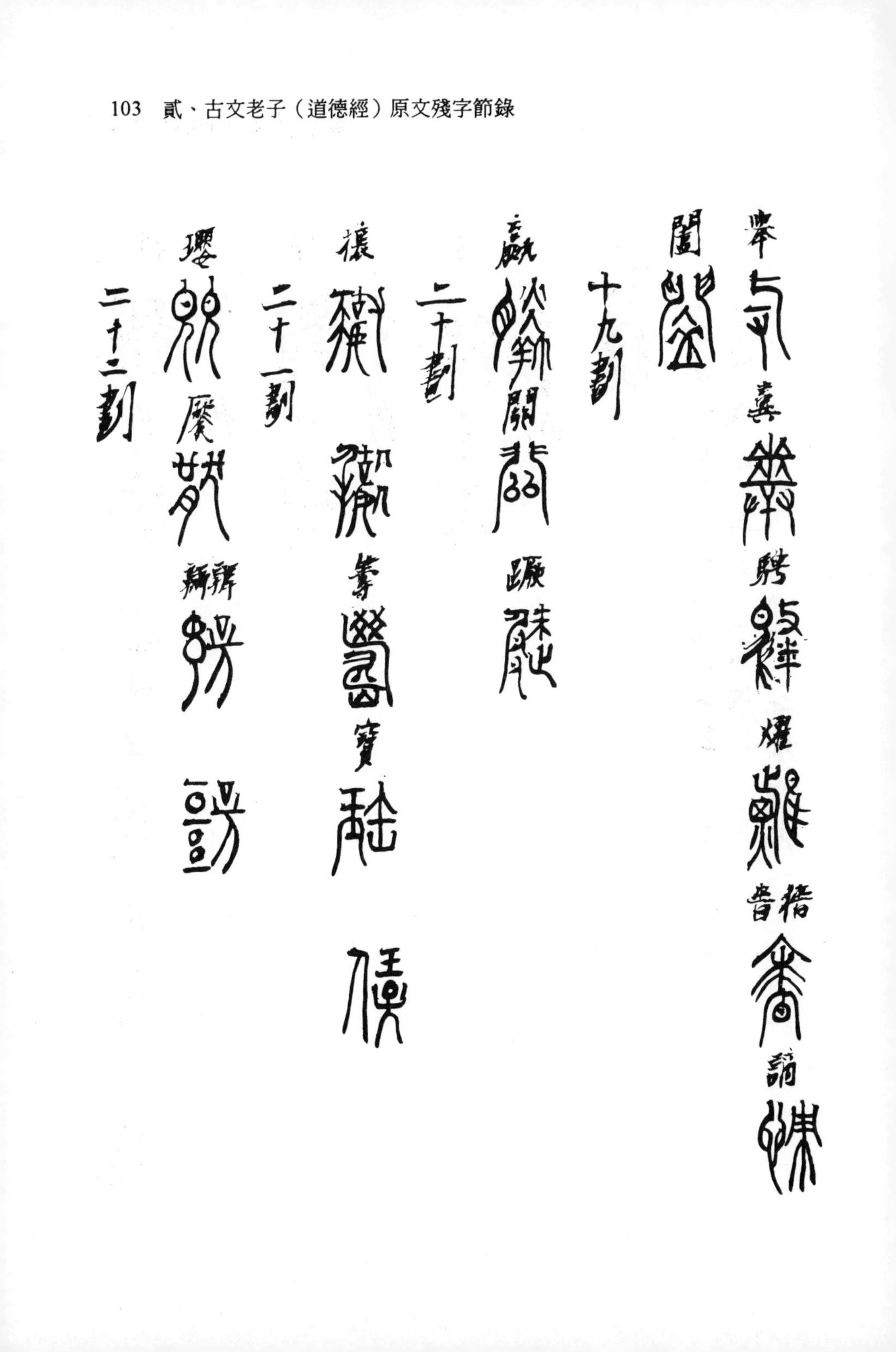

嗥

壽

騁

燿

普　藉

謂

闔

十九劃

羸

關

蹶

二十劃

懷

籌

寶

二十一劃

瓔

饜

辯辯

二十二劃

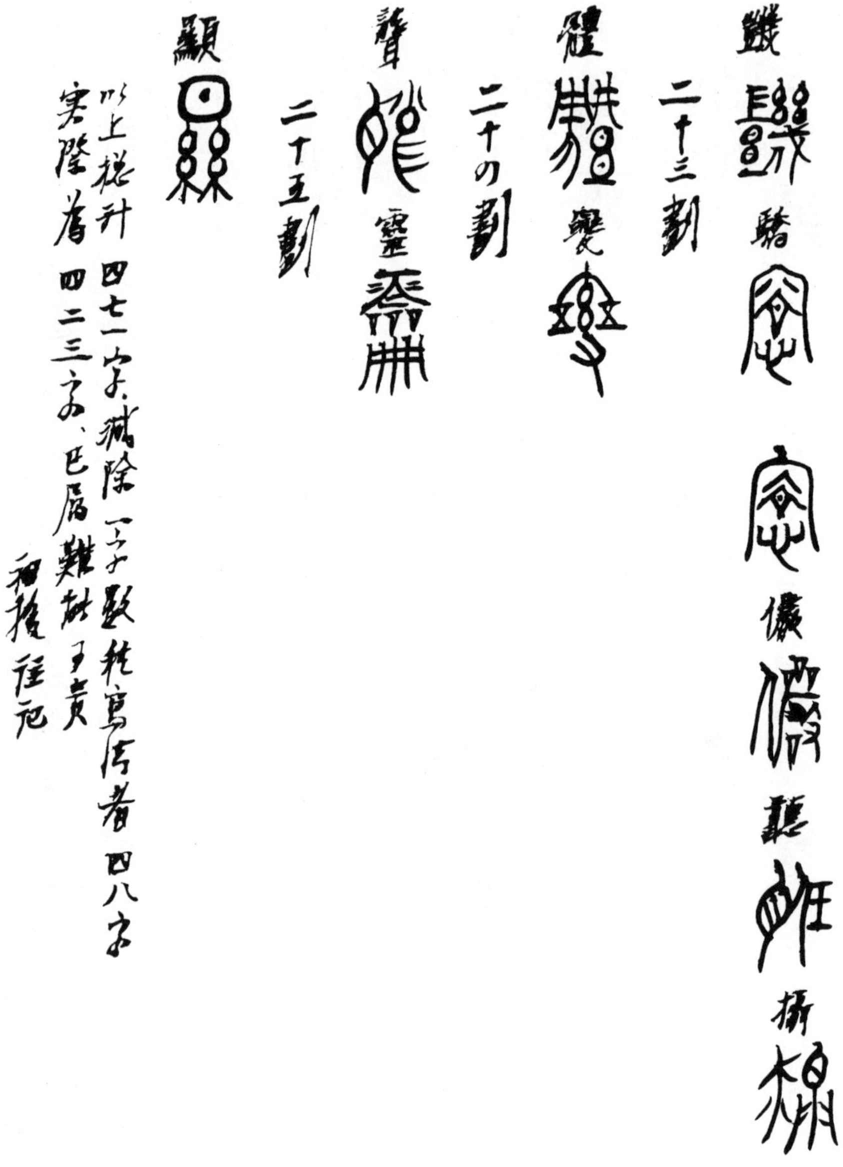
讖
二十三劃
儀
體
二十四劃
變
二十五劃
顯
以上總計四七一字，減除一字多數重寫者四八字
實際為四二三字、已屬難能可貴
和穆 程記

參、篆書百字圖

一、簡　介

篆書百字圖中百壽與百福兩種，不僅常有書寫，且爲祝壽與祝福，亦被印爲卡片、刻成金屬作爲賀品，應用至爲普遍。因《六書通》前頁已列爲集字，且超愈百字以上。大陸壽學專家袁梅先生更書成千壽圖，並著作有關壽學書典多種，與余論交多年，享譽國際。百善圖亦早有書家書寫者，並非余個人之創作。

近二十餘年來余曾爲友人及畫家創作百馬、百龍、百虎等圖。由於小女邢　鳳喜愛蒐集珍藏，特又以小型手捲方式爲其書寫十二種百字圖，除前列百壽、百福、百善外，又創作百馬、百龍、百鳳、百虎、百魚、百子、百孫、百鼎、百寶等。此類創作係在各種篆書典籍中查列考證，又於書寫過程稍有錯誤，即須重加寫作，甚費心力。

近爲籌備出版本書，並將百字圖列爲重點。以過去所書爲橫長之小手捲方式，排印不便，乃發願以便于印成書冊之方式重書此十二種篆書百字圖計一二〇〇字。以余年逾九十，尚能勉力完成，至感慶幸。

二一、篆書百字圖

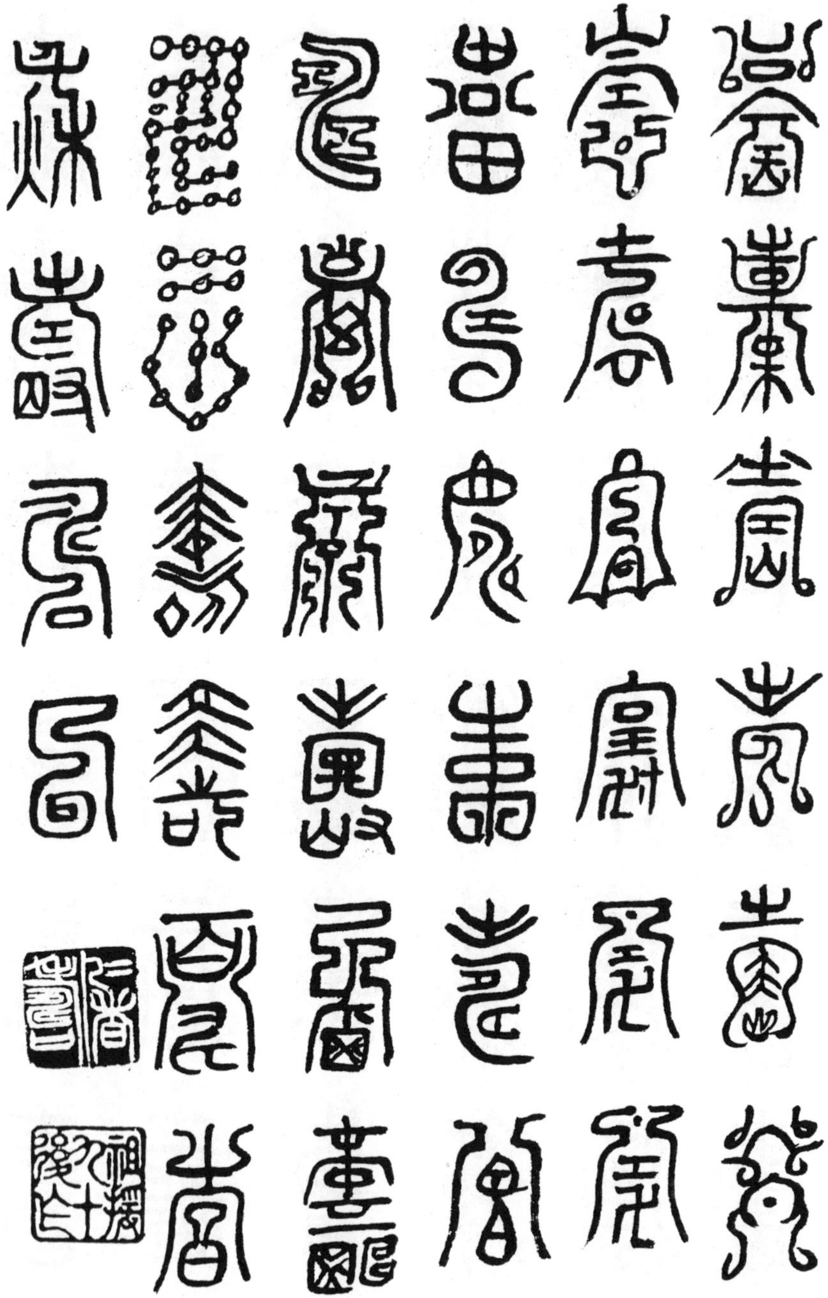

百魚圖

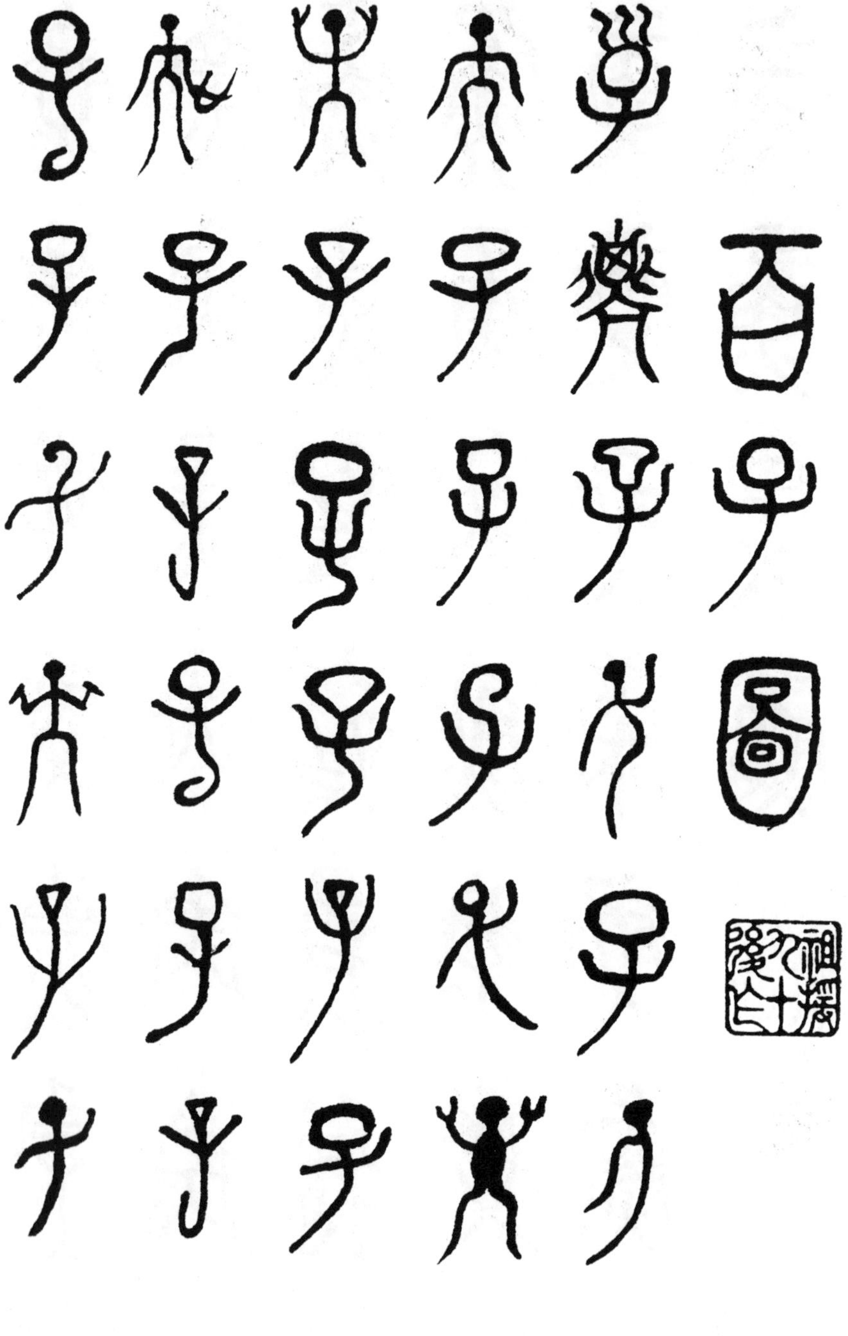

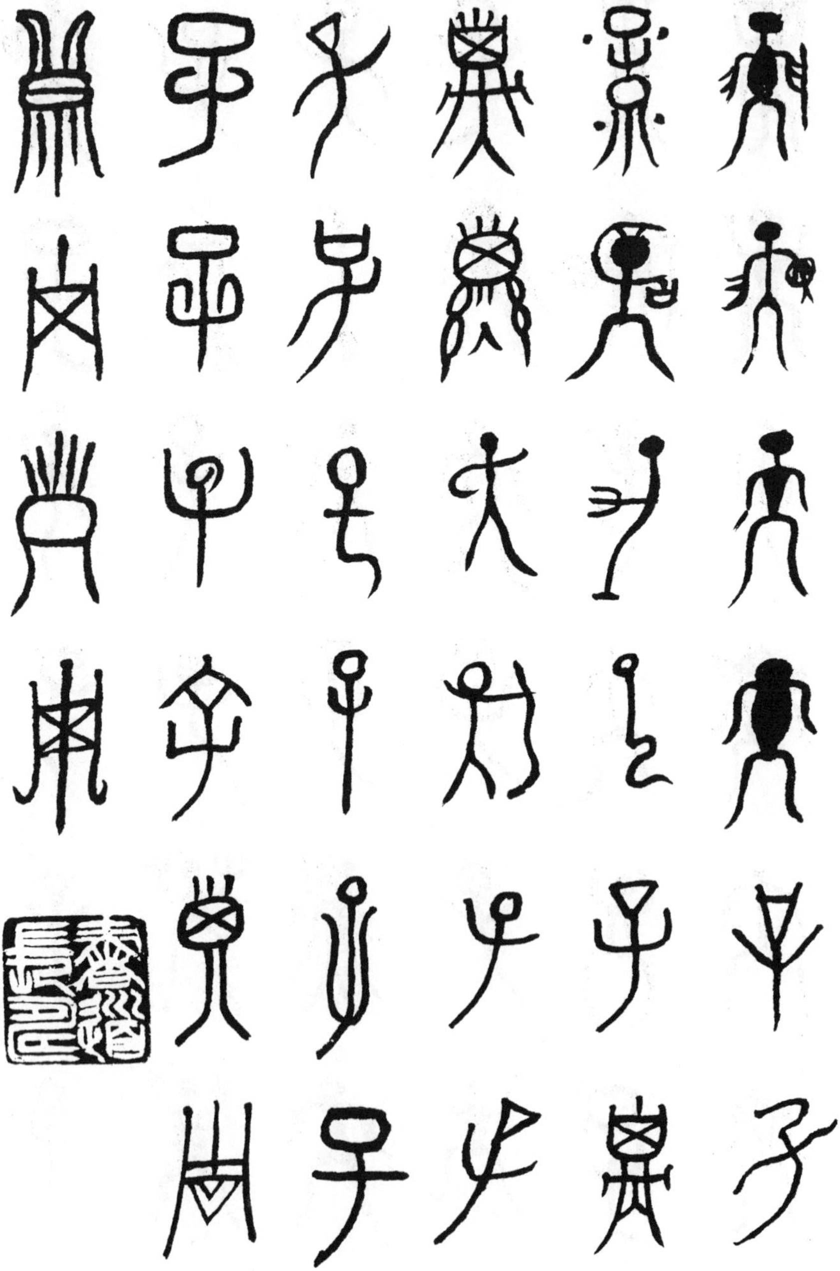

百孫圖

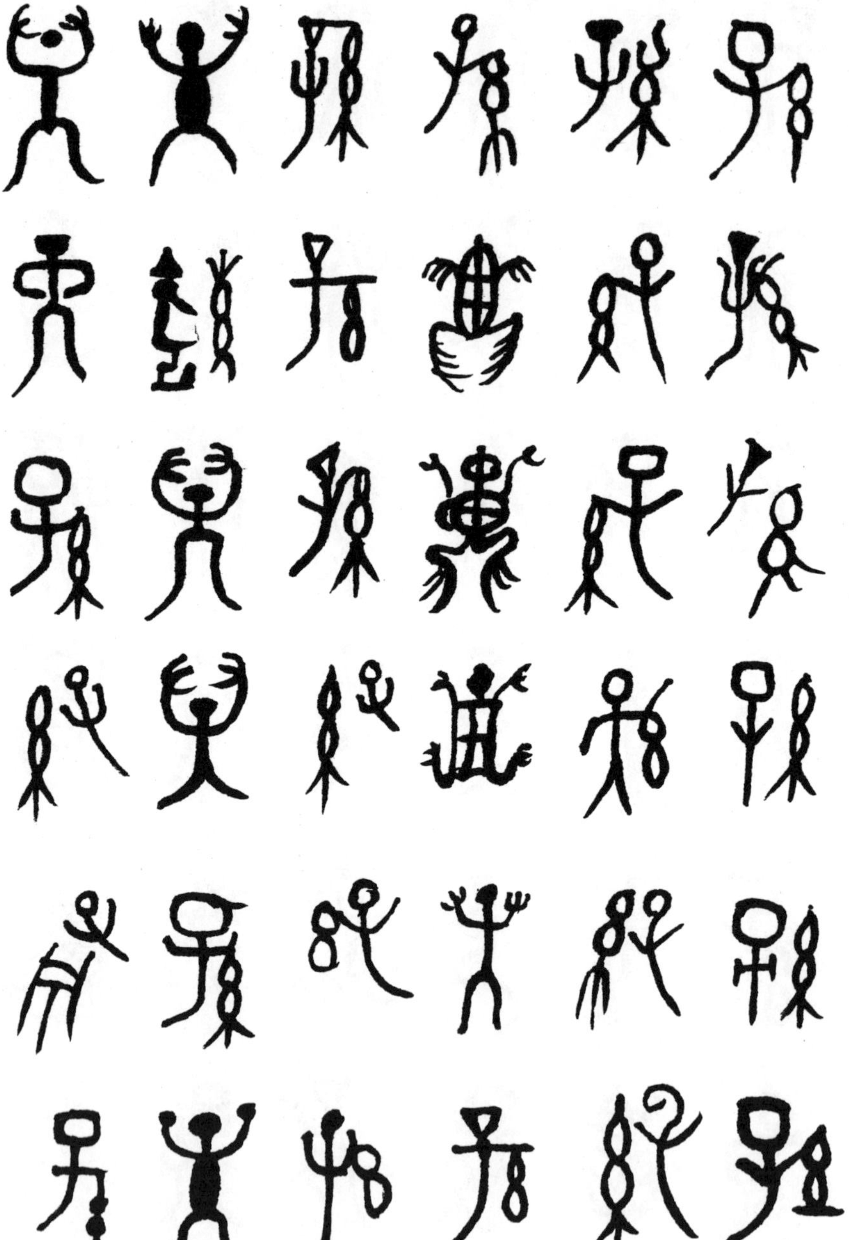

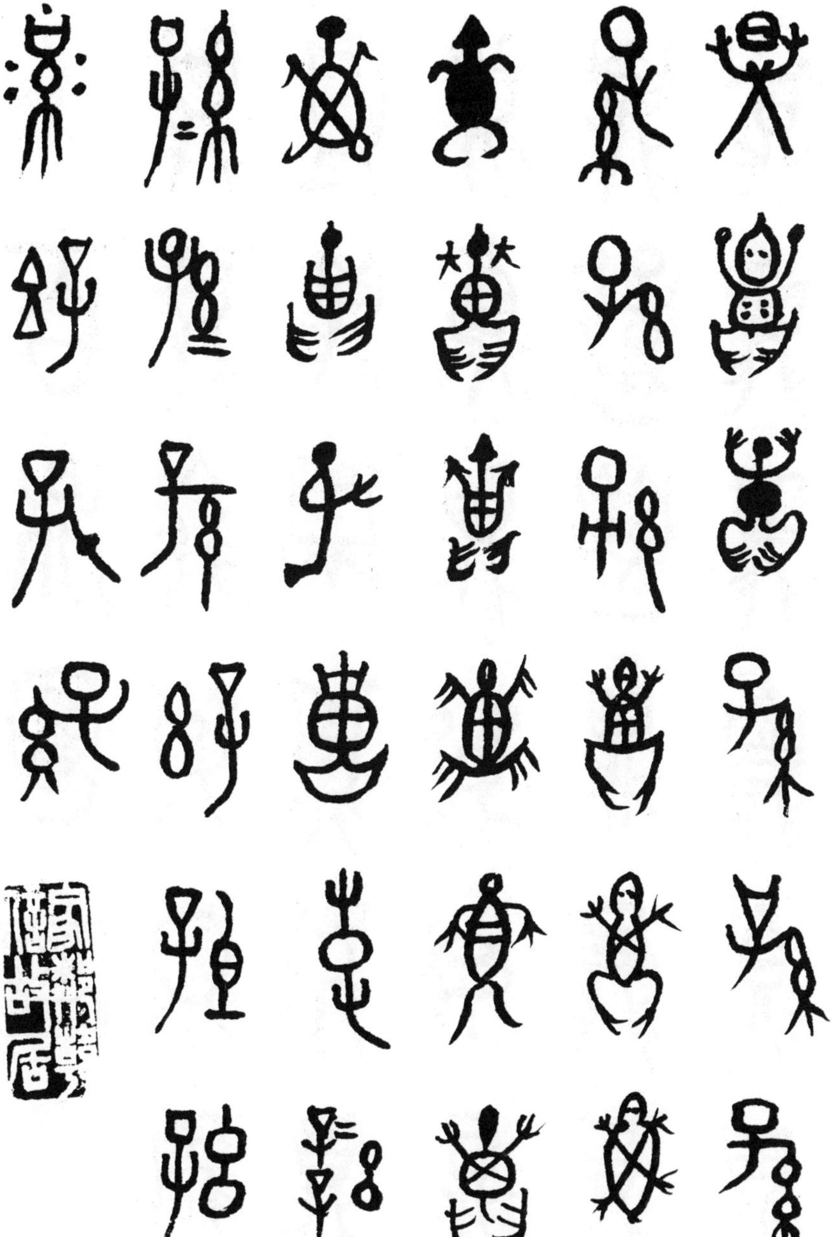

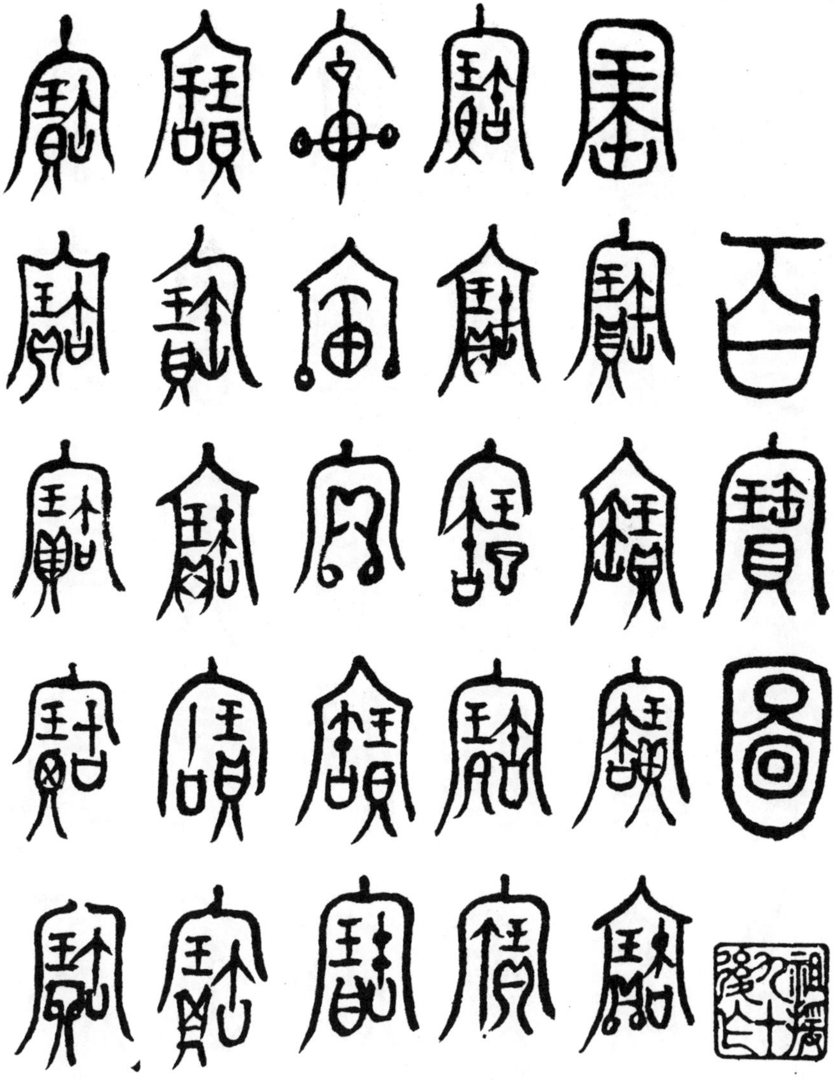
百寶圖

肆、古詩文書篆

下三分益州
疲弊此誠危
急存亡之秋
也然侍衛之
臣不懈于內

開張聖聽以
光先帝遺德
恢弘志士之
氣不宜妄自
菲薄引喻失

義以塞忠諫
之路也宮中
府中俱爲一
體陟罰臧否
不宜異同若

有作姦犯科
及為忠善者
宜付有司論
其刑賞以昭
陛下平明之

治不宜偏私
使內外異法
也侍中侍郎
郭攸之費禕
董允等此皆

良實志慮忠
純是以先帝
簡拔以遺陛
下愚以為宮
中之事事無

行淑均曉暢
軍事試用于
昔日先帝稱
之曰能是以
眾議舉寵以

劣得所也親
賢臣遠小人
此先漢所以
興隆也親小
人遠賢臣此

後漢所以傾頹也先帝在時每與臣論此事未嘗不嘆息痛恨於

於亂世不求聞達於諸侯先帝不以臣卑鄙猥自枉屈三顧臣於

草廬之中諮
臣以當世事
由是感激遂
許先帝以驅
馳後值傾覆

受任于敗軍之際奉命于危難之間爾來二十有一年矣先帝知

臣謹慎故臨
崩寄臣以大
事也受命以
來夙夜憂慮
恐付託不效

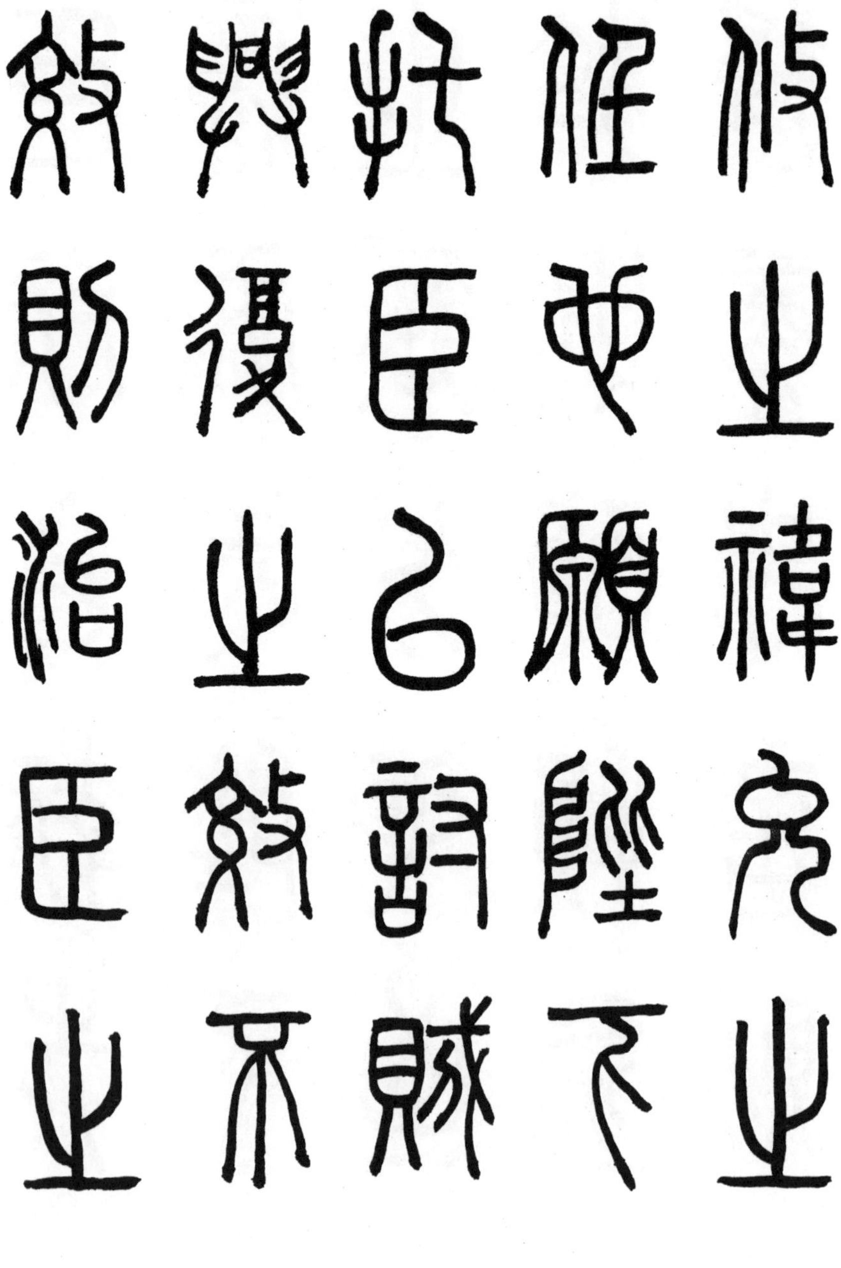

辠以告先帝
之靈若無興
德之言則責
攸之允禕等
之慢以彰其

恩感激今當
遠離臨表涕
泣不知所云

壬申仲夏，前居大暑，炎熱難耐，
爰書諸葛武侯前出師表，精神
有所寄托，則心力集中，頓忘酷暑矣。
淮陰邢祖援書篆并記 時年
七十有六。

淵深然涉險
被創危然後
安今陛下未
及高帝謀臣
不如良平而

論安計動引
聖人群疑滿
腹眾難塞胸
今歲不戰明
年不征使孫

孫吳然困於
南陽險於烏
巢危於祁連
偪於黎陽幾
敗北山殆死

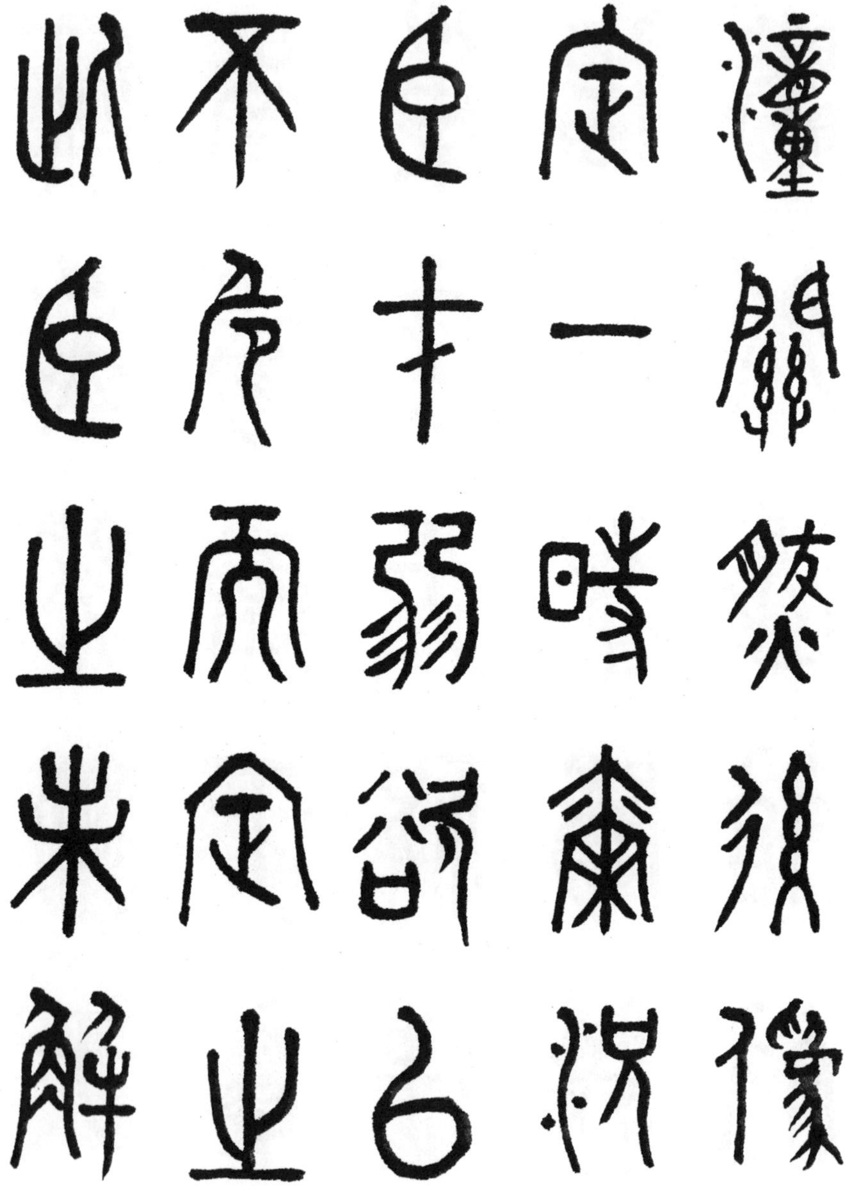

三也曹操五
攻昌霸不下
四越巢湖不
成任用李服
圖之委任夏

未解三也自臣到漢中中間期年耳然喪趙雲陽群馬玉閻芝丁

漢事將成也
然後吳更違
盟關羽毀敗
秭歸蹉跌曹
丕稱帝凡事

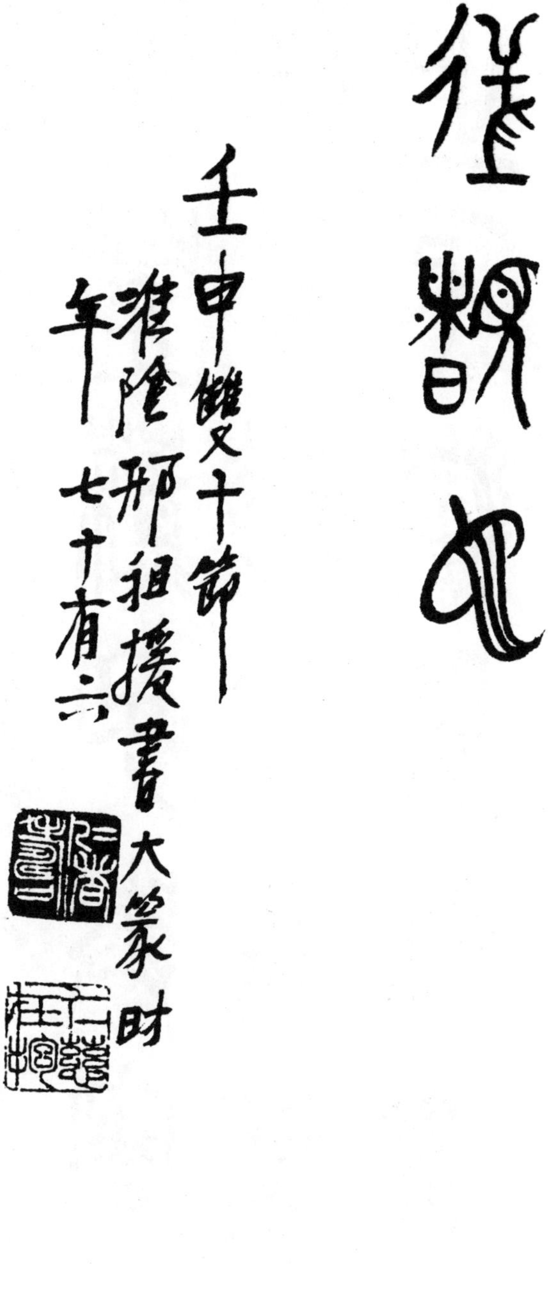
逆覩也
壬申雙十節
淮陰邢祖援書大篆时
年七十有六

水波不興舉酒
屬客誦明月之
詩歌窈窕之章
少焉月出於東
山之上徘徊於

斗牛之間白露
橫江水光接天
縱一葦之所如
凌萬頃之茫然
浩浩乎如馮虛

御風而不知其
所止飄飄乎如
遺世而獨立羽
化而登僊於是
飲酒樂甚扣舷

而歌之歌曰桂
棹兮蘭槳擊空
明兮溯流光渺
渺兮予懷望美
人兮天一方客

有吹洞簫者倚
歌而和之其聲
嗚嗚如怨如慕
如泣如訴餘音
嫋不絕如縷舞

南飛此非孟德
之詩乎西望夏
口東望武昌山
川相繆鬱乎蒼
蒼此非孟德之

困於周郎者乎
方其破荊州下
江陵順流而東
也舳艫千里旌
旗蔽空釃酒臨

江橫槊賦詩固
一世之雄也而
今安在哉況吾
與子漁樵於江
渚之上侶魚蝦

於悲風蘇子曰
客亦知夫水與
月乎逝者如斯
而未嘗往也盈
虛者如彼而卒

則與我皆無盡
也而又何羨乎
且夫天之間物
各有主苟非吾
之所有雖一毫

盡用之不竭是造物者之無盡藏也而吾與子之所共適客喜而笑洗盞更酌

余習篆書成癖，數十年而不輟，涉獵之廣，遍及大小篆及各家法帖，惟平素書小篆向尚傳統，久則思變。今書蘇軾前赤壁賦，所用筆法，自以小篆為主，然亦兼具漢魏筆意，且融滙各家筆法，試筆創意，敬付方家正之。

癸酉春日雅餘邨祖援時年七十七歲

蘇子與客
泛舟遊於
赤壁之下
清風徐來

之間白露
橫江水光
接天縱一
葦之所如

馮虛御風
而不知其
所止飄飄
乎如遺世

歌之歌曰
桂棹兮蘭
槳擊空明
兮泝流光

簫者倚歌
而龢之其
聲嗚嗚然
如怨如慕

鵲南飛此
非曹孟德
之詩乎西
望夏口東

望武昌山
川相繆鬱
乎蒼蒼此
非曹孟德

之困於周
郎者乎方
其破荊州
下江陵順

流而東也
舳艫千里
旌旗蔽空
釃酒臨江

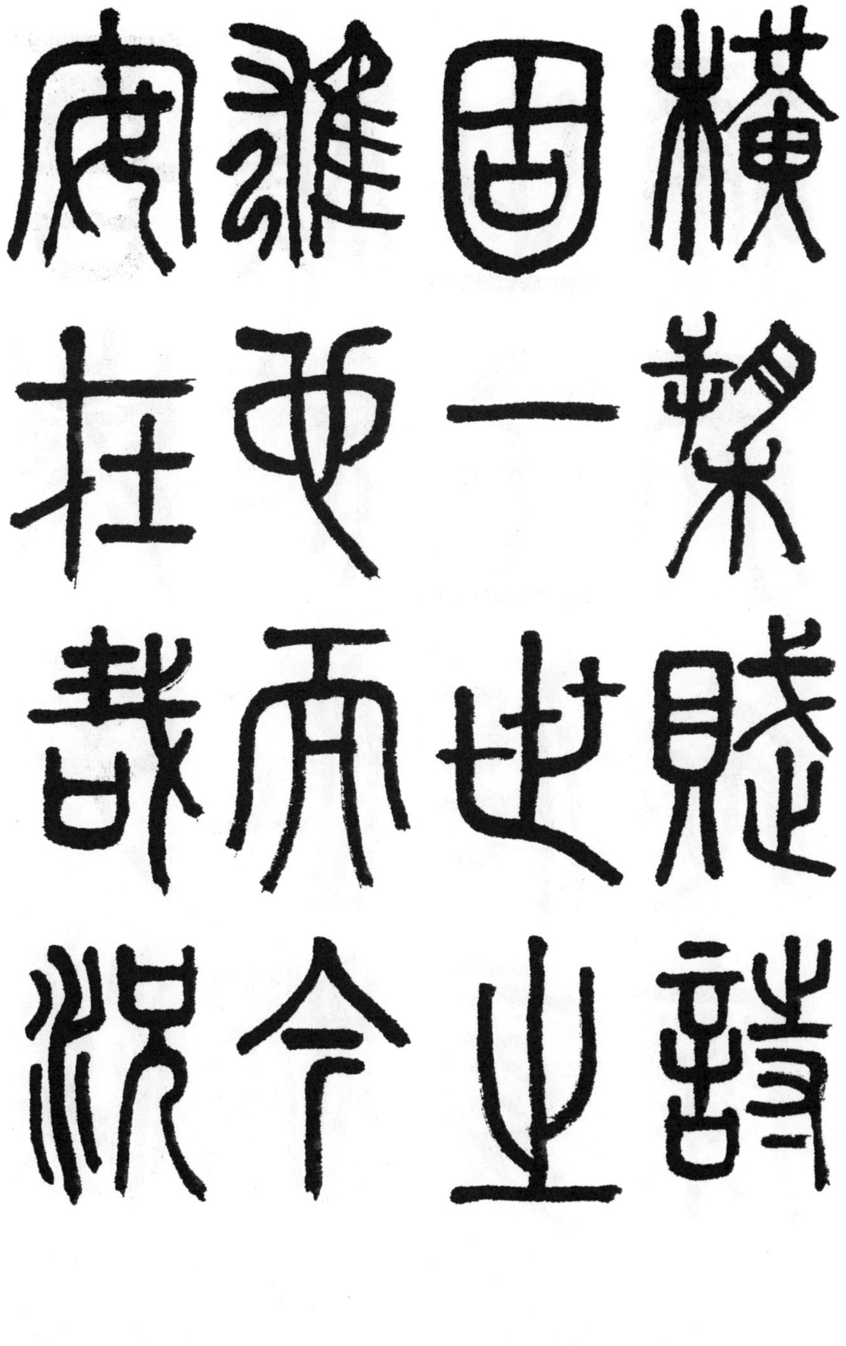
橫槊賦詩
固一世之
雄也而今
安在哉況

吾與子漁
樵於江渚
之上侶魚
蝦而友麋

鹿駕一葉
之扁舟舉
匏樽以相
屬寄蜉蝣

於天地渺
滄海之一
粟哀吾生
之須臾羨

長江之無

窮挾飛仙

以遨遊抱

明月而長

終知不可
乎驟得託
遺響於悲
風蘇子曰

客亦知夫
水與月乎
逝者如斯
而未嘗往

變者而觀

之則天地

曾不能以

一瞬自其

不變者而
觀之則物
與我皆無
盡也而又

何羨乎且
夫天地之
間物各有
主苟非吾

山間之明
月耳得之
所為聲目
寓之而成

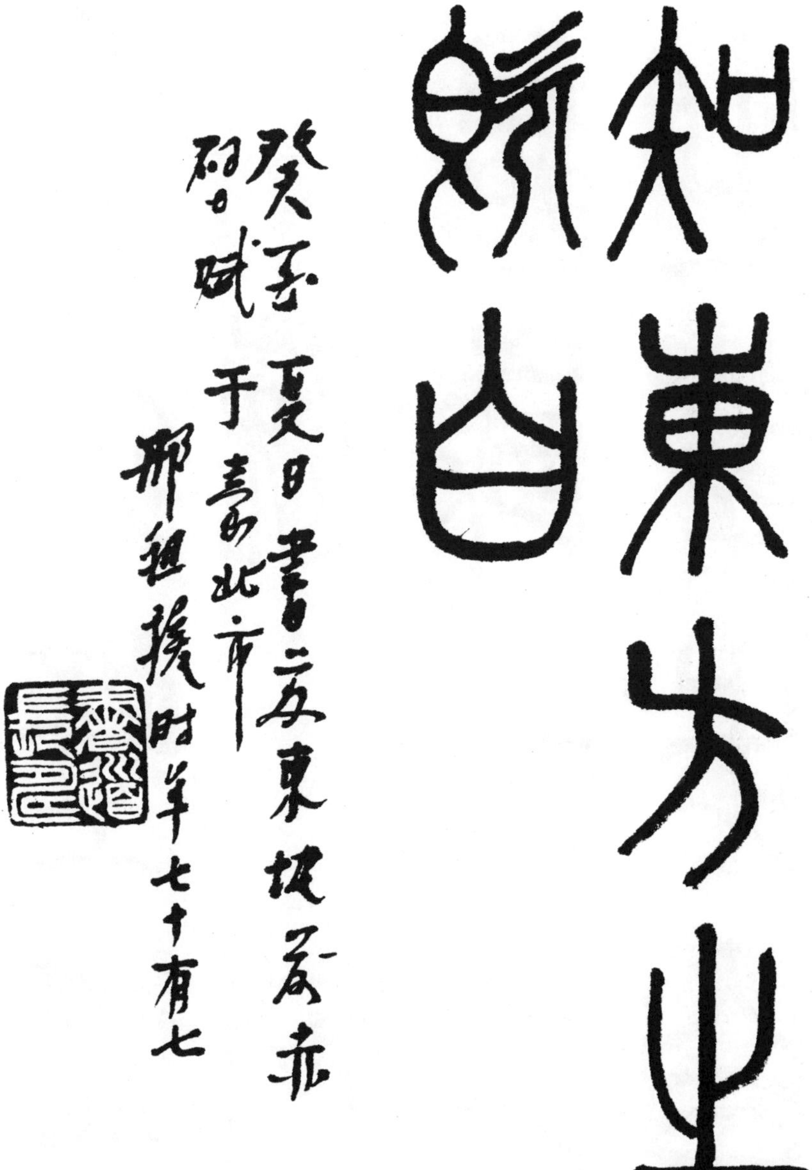
知東方之
既白
癸亥夏日書蘇東坡前赤
壁賦于臺北市
邢祖援時年七十有七

後赤壁賦

蘇軾

是歲十月之望步自

雪堂將歸於臨皋二客從予過黃泥之坂

顧而樂之
行歌相答
已而嘆曰
有客無酒

斗酒藏之
久矣以待
子不時之
需於是攜

千尺山高
月小水落
石出曾日
月之幾何

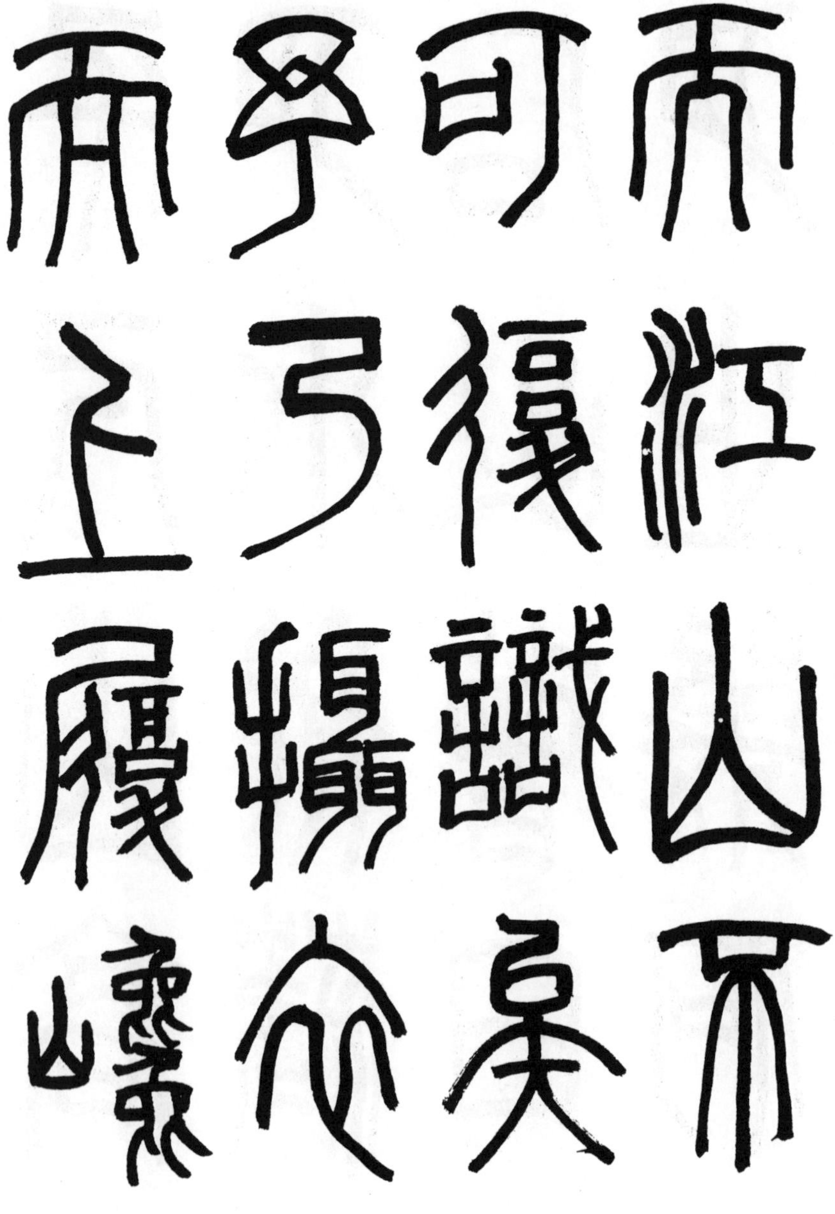

巖披蒙茸
踞虎豹登
虯龍攀棲
鶻之危巢

嘯草木震
動山鳴谷
應風起水
湧予亦悄

登舟放乎
中流聽其
所止而休
焉時夜將

臨皋之下
揖予而言
曰赤壁之
遊樂乎問

昔之夜飛
鳴而過我
者非子也
耶道士顧

恨晨光之熹微
乃瞻衡宇載欣
載奔僮僕歡迎
稚子候門三徑
就荒松菊猶存
攜幼入室有酒

余以春及將有
事於西疇或命
巾車或棹孤舟
既窈窕以尋壑
亦崎嶇而經丘
木欣欣以向榮

為乎遑遑欲何
之富貴非吾願
帝鄉不可期懷
良辰以孤往或
植杖而耘耔登
東皋以舒嘯臨

陋室銘

山不在高有僊則名水不在深有龍則靈斯是陋室

以調素琴閱
金經無絲竹
之亂耳無案
牘之勞形南
陽諸葛廬西

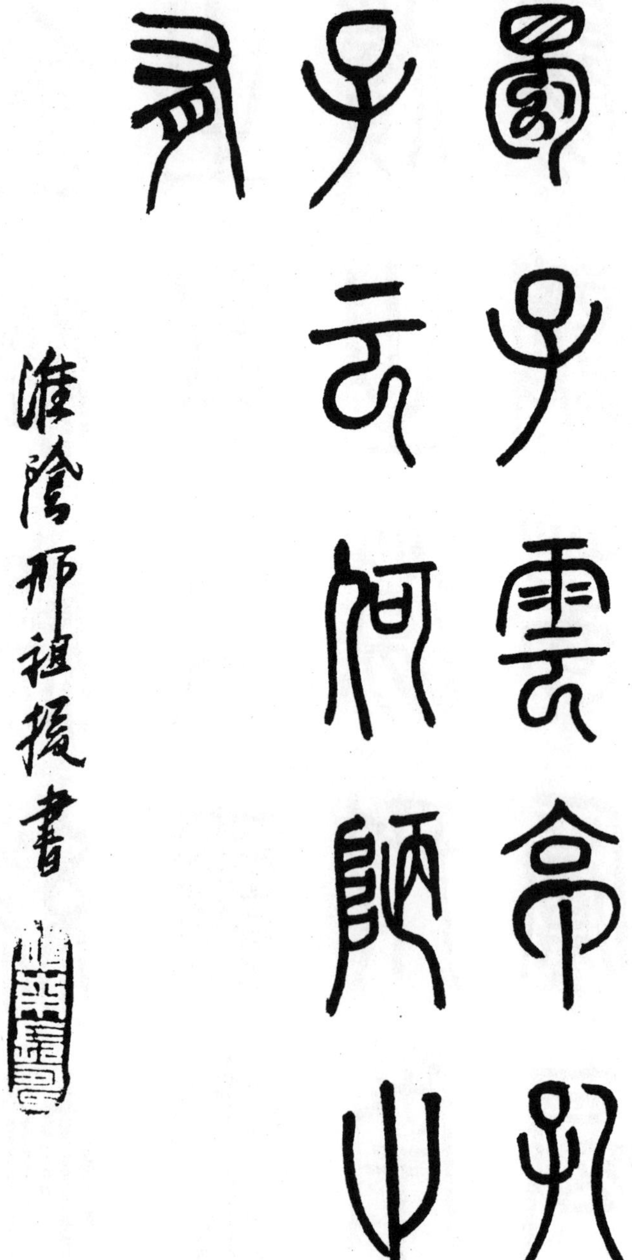
淮陰邢祖援書

花間一壺酒
獨酌無相親
舉杯邀明月
對影成三人
月既不解飲

醒時同交歡
醉後各分散
永結無情遊
相期邈雲漢

禮運大同篇
大道之行也
天下為公選
賢與能講信
修睦故人不

己力惡其不出於身也不必為己是故謀閉而不興盜竊亂賊而

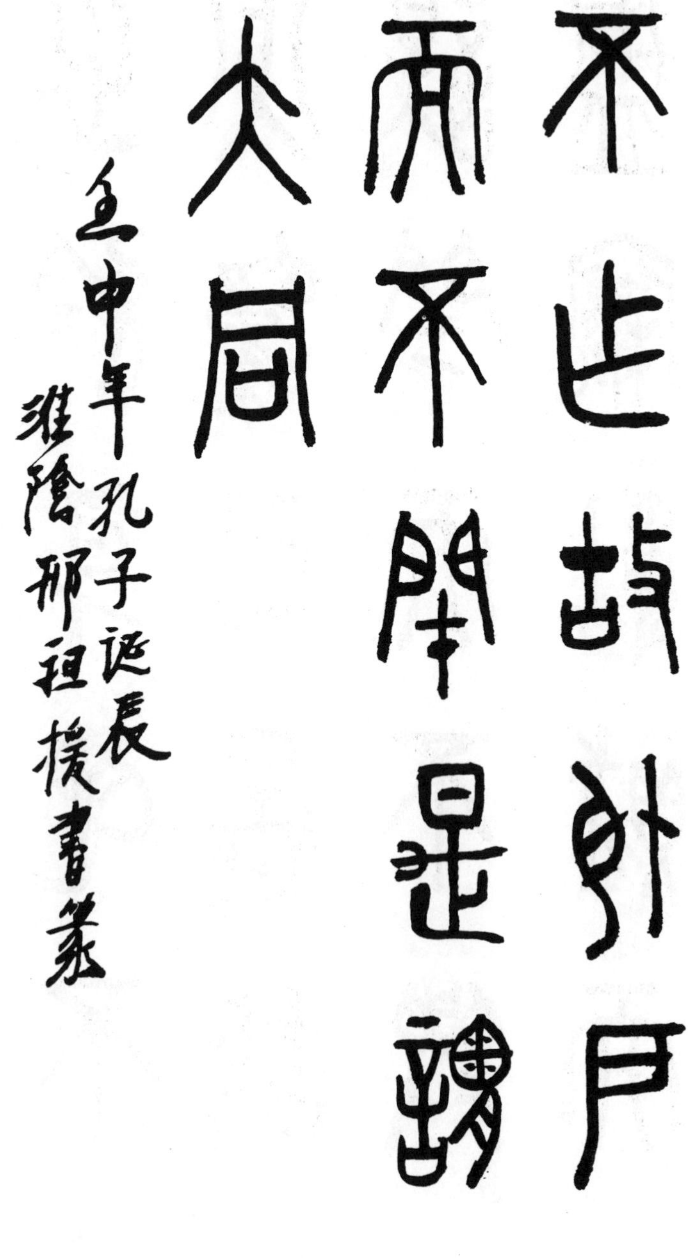
壬申年孔子誕辰
淮陰邢祖援書篆

伍、題署及作品選輯

人民日報題字

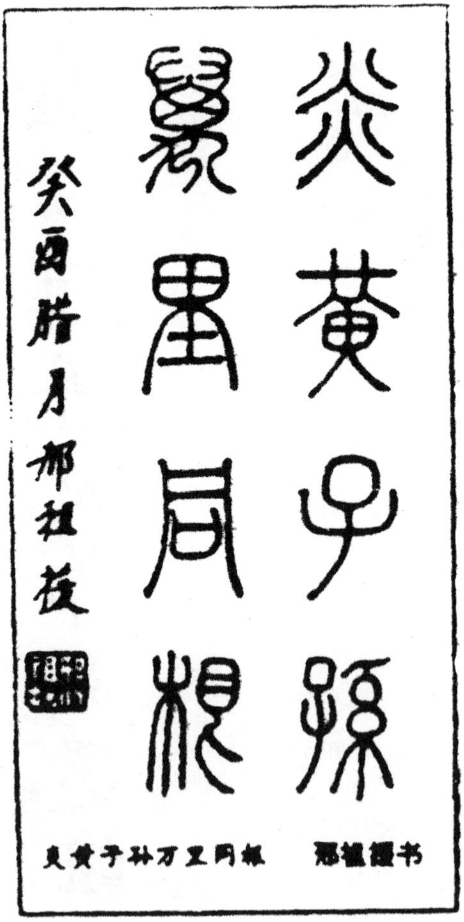

人民日報（海外版）

1994年4月19日 星期二 第7版

范耕研箸

臺北市淮陰縣同鄉會編印

邢祖援箸

邢祖援箸

吳延祺箸

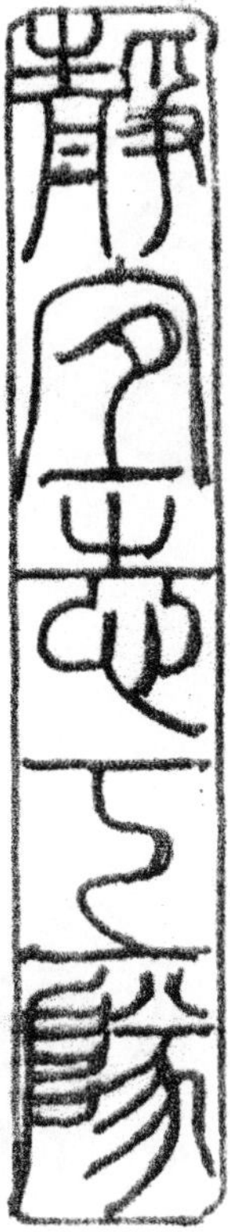

邢正達編箸

邢祖援箸

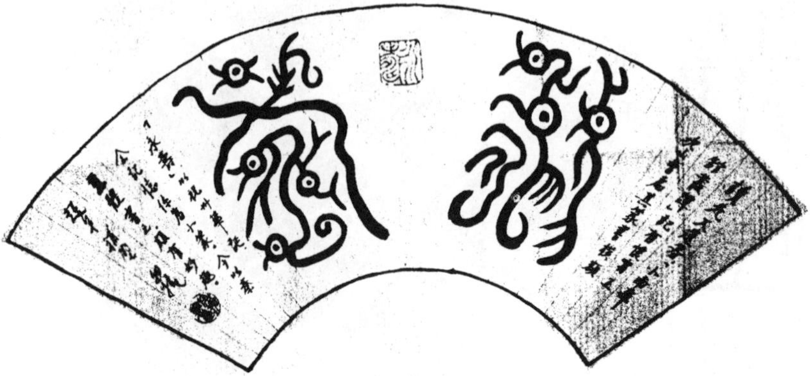

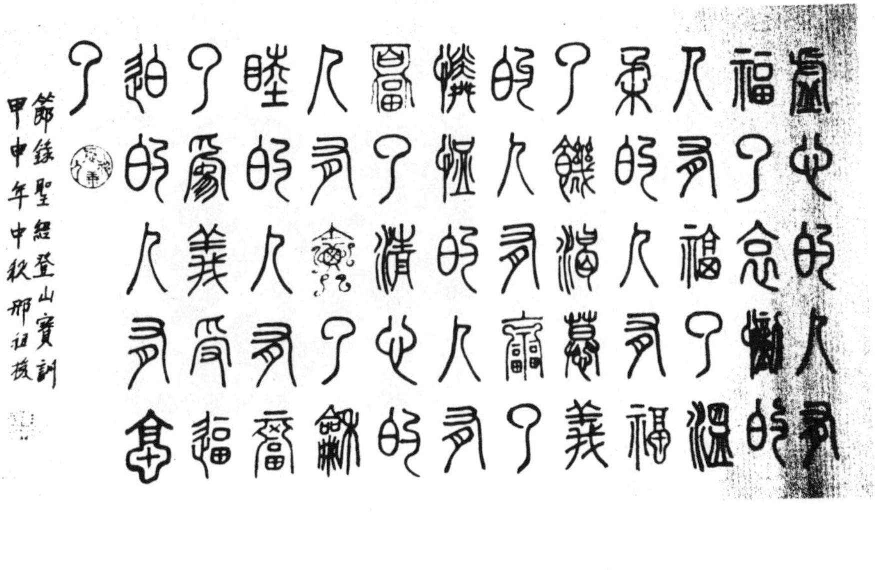
節錄聖經登山寶訓
甲申年中秋邢祖援

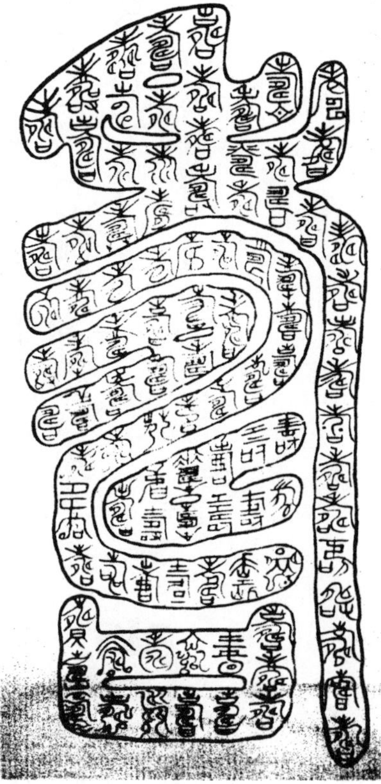

朝辭白帝彩雲間
千里江陵一日還
兩岸猿聲啼不住
輕舟已過萬重山
唐李白詩
丙子仲夏 祖援書篆

梅象堅忍
香徵德馨
梅香堂
邢祖援時年
八十歲

暢懷

知者樂水仁者樂山知者動
仁者靜知者樂仁者壽仁者
不憂知者不惑勇者不懼
節論語書大篆
戊寅大暑淮陰邢祖援

中華文化博大
精深，文字結構
繁複而優美，爰
集古篆書異字
十六体以應
智慧賢妹女雅正
邢祖援

集秦璽永壽二字以應
飛然先生同道　法正
丁丑年秋分　邢祖援

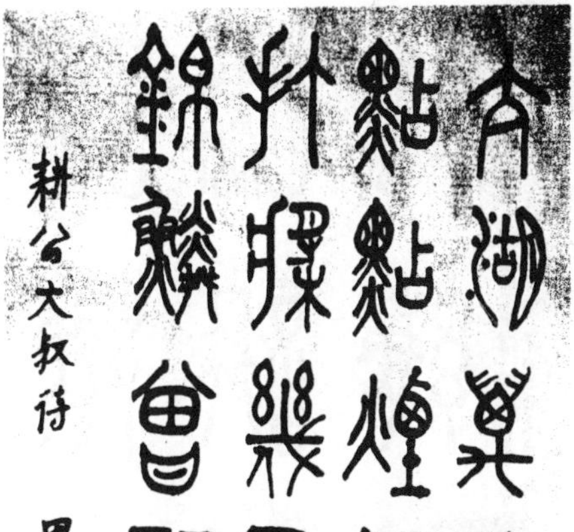
甲申正月邢祖援敬書

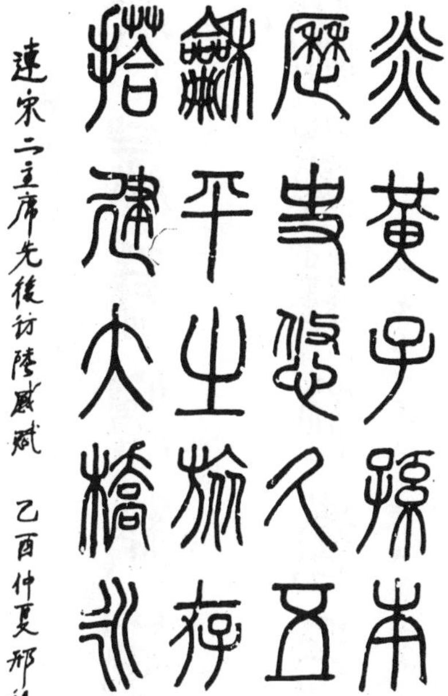
連宋二主席先後訪陸感賦
乙酉仲夏邢祖援

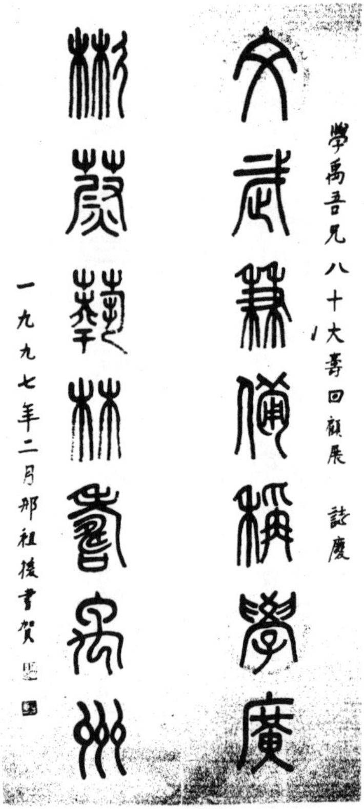
學禹吾兄八十大壽回顧展 誌慶
一九九七年二月邢祖援書賀

國家圖書館出版品預行編目資料

篆書研究與習作選輯/ 邢祖援著. -- 初版. --
臺北市：文史哲,民 96
頁： 公分.
ISBN 978-957-549-726-2 (平裝)

1. 篆書 − 書法

942.12 96014508

篆書研究與習作選輯

著　者：邢　祖　援
出版者：文　史　哲　出　版　社
http://www.lapen.com.tw
登記證字號：行政院新聞局版臺業字五三三七號
發行人：彭　正　雄
發行所：文　史　哲　出　版　社
印刷者：文　史　哲　出　版　社
臺北市羅斯福路一段七十二巷四號
郵政劃撥帳號：一六一八〇一七五
電話886-2-23511028・傳真886-2-23965656

實價新臺幣四二〇元

中華民國九十六年（2007）八月初版

ISBN 978-957-549-726-2